양 윤 형 시집

숲으로 가는 길

해 암

탱자꽃

탱자

짚신나물

방아꽃

질경이

찔레 열매

꽃무릇

배롱나무

복수초

박하

토란

피라칸사스

가막살나무

인동꽃

숲으로 가는 길

| 네 번째 시집을 펴내며 |

이번에는 그동안 세 권의 시집에 실었던 나무들과 야생초에 관한 글만 뽑아 옮겼고 모자라는 것은 새로 적었다. 우리의 산과 들에는 약 4,000여 종의 식물이 분포되어 있다고 하나 무심히 그냥 스쳐 지나가거나 발아래 밟고 지나갈 뿐 그 풀들이 가지고 있는 약성이나 그 풀들의 고마움에 대하여 생각해보지 못할 것이다. 자기의 가족이나 자신의 몸에 질병이 생기기 전에는 늘 무심할 수 있다. 문명과 공해의 독으로 온갖 질병이 생겨나는 시대에 우리는 살고 있다. 메스콤을 통하여 녹즙을 먹으면 간이 더욱 나빠진다는 얘기를 들을 적마다 나는 분개한다. 그렇다면 약으로 모든 질병을 고칠 수 있었던가 묻고 싶다. 사실 약은 모두 독이 아니던가. 병원에서 죽어나가는 그 수많은 사람들에 대하여 어떻게 말할 것인가.

1991년 평소 술을 즐겨먹던 가족이 식도 정맥류로 토혈하며 쓰러졌다. 하루아침에 생긴 병이 아니다 몇 년 동안 병원검사를 늘 받아오던 중이었지만 병원에서는 아무른 대책이 없었다. 그렇게도 광고에는 간장약이 많았지만 간이 굳어 담즙 생산이 되지 않아 물만 마셔도 설사를 해야 하는 그 사람의 하늘은 닫혀버리고 말았던 것이다.

허나 길은 있었다. 두 달 동안 매일같이 산에 올라 녹즙 재료를 채취하여 하루 두 번씩 표고버섯 균사체와 먹게 했던 결과는 간의 상태가 정상으로 되었다는 검사결과를 안겨 주었다.

자연의 신비로운 치유능력에 감탄하지 않을 수 없었다. 죽을 수 밖에 없던 사람이 살 수 있어 경이롭지 않은가. 물론 녹즙 재료의 종류와 무엇보다 채취하는 장소가 중요하지만 녹즙을 마시면 간이 더 나빠진다는 얘기는 함부로 하지 말기를 바란다. 또 녹즙에 산야초 발효액을 희석해서 마시는 것도 중요하다. 그 계절에 나오는 질 좋은 야생초 보관을 위하여 발효시키거나 말려서 차로 마시는 일 또한 중요하다. 만일 우리가 여러 번의 생애를 산다면 우리의 삶은 그렇게 존귀하지 않을 수도 있지만 한 번 태어나서 한 번은 죽는 것이다. 그래서 우리의 삶은 소중하다. 어떻게 살아야 하며 무엇을 어떻게 먹어야 하는지에 대하여 고민해야 하지 않을까.

2014. 10.

수안리에서 양 윤 형

| 차 례 |

1부 숲으로 가는 길

2부 어떤 절묘한 만남

3부 그곳에 가고 싶다

4부 겨울나무

숲으로 가는 길

1부

숲으로 가는 길

박하

찻잔 속에서
늘 존재를 알려주는 멘톨
일상에서 이보다
확실하게
전신을 열어주는 것은 없다
봄에서부터 겨울까지
늘 곁에 두어
오가는 이의
목을 열어준다
유토피아를 그리며
달려가는 사람들
늘 목은 잠겨있다
행복을 찾아
산 넘고 물 건너가 보지만
행복은 바로 자기 오지랖에
싸여 있는 것을
여보시게
박하 차 한 잔하고 떠나시게나.

---

*박하 : 녹즙 재료로 사용한다. 꿀풀과에 속하는 멘톨은 치약, 향료, 과자 등에 넣어 방향제로 널리 쓰이고 있다. 약효로는 해열, 청량, 두통 등에 쓰인다.

숲으로 가는 길

내 집 뒷산은 나의 성처럼 솟아
날마다 내 창문을 지키고 있어
그 늠름한 품격에 나는 자주 매달린다
비 오는 날 안개 속에서도
내 창문을 붙들고 있는 불변의 심성에
숲의 내면을 속속들이 바라본다
나보다 먼저 깨어나 마을의
후원자처럼 버티고 서서
새들을 날리우고
꽃을 가득 피워 올린다
골짜기마다 야합의 불을 끄고
내 창문과 나와 화합을 위하여
숲은 말없이 스스로 다가와
내 가슴에 버팀목 하나 심어 주었다
날마다 내 모든 것들을 때로는
젖은 눈으로 지켜보지만 돌층계나
암벽 같은 곳에서 일어나는
사사로운 일들은 언제나 침묵하였다

그저 핏빛 같은 철새들의 울음소리를
간헐적으로 내려 보낼 뿐
눈만 뜨면
내 창문에 걸터앉아 나를 부른다.

도화궁에서

김해 묵방리 장척 폭포가는 길에
등 굽은 산길을 오르다보면
인적을 이어주던 길이 끝날 무렵
도화궁이 있다

계곡에 달빛은 익숙한 몸짓으로
조용조용 등 시린 물고기 잠재우고
아궁이에서 송진이 자글자글 추위를 익힌다

토방 가득 매운 연기가
험한 길 끌고 오르는 모퉁이를 쓸어안고 있다
어둠을 다져 호롱불 심지 돋우면
타고 있는 외가닥 등잔불에
정겨운 이들 얼굴이 더 커 보인다

밤은 또 다른 세상의 지구를 돌리고
삶을 포장 할 줄 모르는
어리석은 영혼들이 토해내는
짜지도 맵지도 않는 이야기들이

찻잔에 녹아
시간을 숙성시키고 있다

태초에 하나의 기운으로
육천 문을 열어
한 생명의 꽃을 피운다는 도화궁에
이른 새벽 장끼 한 마리가
어둠을 물고 숲 속으로 날아간다.

꼭두서니

누가 치명적인 사랑이라 할지라도
세월을 포박하고
이렇게
당신의 가슴에
아침 노을이 될래요
나를 거부하지 마세요
당신의 뼛속까지
나의 피로 물들일래요
먼 훗날
결코 지울 수 없는
투명한 삶의 무늬로
당신의 피 속에서
섬이 될래요.

---

* 꼭두서니 : 짧은 가시가 있는 덩굴성 식물. 붉은색 염료로 쓰며 침투력이 강하다. 뿌리는 신장과 방광의 결석을 녹이는데 탁월한 효과가 있고, 뼈 질환에도 기이한 효과를 나타낸다고 한다.

조롱박

담 위로
은밀하게 내려앉은 달빛
그곳엔
발가벗은 조롱박이
요염하게 앉아 있다

미인의 기준은 어디에 있나요
개미 같은 허리인가요
백옥 같은 피부인가요
아니면
섹시한 엉덩이 인가요

푸른둥이 감들이
들판에 등불 켤 때
나
옹달샘에 몸 풀고 앉아
그대 입술 촉촉이 적셔 주리.

홍옥 1

지금 내게로
눈부신 태양이 배달되어 왔다
길섶에 남아있는
쑥부쟁이나 구절초의
그림자를 밟고 왔을까
포항 죽장에서 부산까지 달려와
뜨거운 몸 부려 놓았다
만지면 손이 데일듯하다
한여름에 박힌 햇살과
우렛소리
빗소리를 머금고 와
사각사각
거실 한가득
돌아다니고 있다
자알 숙성된 내밀한 말을 품고.

홍옥 2

표면 위로
그늘이 지난 자국이 있어
그 서늘함에 가슴을 묻는다
그늘이 빚은 음각은
빛을 얼마나 사모했을까
신맛 혹은 단맛을 위해
고민한 흔적 보인다
그 갈등이
빛과 음각의 조화로움과
내 혀끝의
농도를 지배한다.

닭의장풀

거제 갈곶리의 이른 아침
바닷가 돌 틈에서
물빛처럼 하늘빛처럼
그렇게 하루를 열고 있었다

내가 사랑하는 사람은
너의 이름을 모르고 있었지
그런데
그날 본 네가 나의 평생에
제일 맑고 청아해 보였어

아마
사랑하는 사람이 내 옆에 있어서
네가 더 예뻐 보였을 거야
그 사람이 너 이름을 몰라서
아마
내가 더 신명 났을 거야.

---

* 닭의장풀 : 당뇨에 쓰인다. 이뇨 작용이 강해 신장염, 류마티스 등에도 쓰인다. 즙을 내어 한 스푼씩 마시면 심장에도 도움이 된다.

쥐오줌풀

잠자리에 들면
천정에서 달음박질치는
쥐들의 소리와
쥐 오줌으로
얼룩진 천정을 바라보던 때가 있었다
이름보다 훨씬 예쁜 꽃
냄새는 영락없이 그 냄새다
히스테리를 고치는 명약이라는데
꽃이 예뻐 풀숲에서 옮겨 심었다
해마다 오월이면 잘도 핀다.

---

* 쥐오줌풀 : 신경 안정제로 쓰이며 서양에서는 진통제로 썼다고 한다.

용설란

세기의 꽃이
기어이 일을 저지르고 있다
용의 혀를 닮았다는 그가
거제 일운면 외도에서
백 년간의 침묵을 깨고
고성능 안테나를 세우더니
하늘 향해 쏘아올린
그의 함성
현충일을 맞은
유월의 함성이다.

---

*용설란 : 백 년만에 꽃이 핀다고 전해지고 있다. 잎의 모양이 용의 혀를 닮았다고 용설란이다.

능소화가 피면

돌담을 끌어안고
목젖을 드러내고 크게 웃어 보거라
수직의 외벽을
맨손으로 기어오를
그 절박함은 무엇이었던가
손톱이 휘어지고 부서지도록
오르고 또 올라
삭풍에 부스러진
바위틈새 모래알을 움켜잡았다
너 웃음이 새소리만큼 퍼져 나갈 때
돌담 아래 원탁을 놓고
마른나무 등걸에 앉아
너 삶의 옹이 다독이며
메마른 목을 축이는 아침
햇살이 너 얼굴 위로 반짝인다.

사나이와 능소화

어느 비 오는 날
오십대 중반의 한 사나이가
저승의 계단으로 내려갈
승강기를 기다리는 듯
능소화 늘어진
담장 곁에 서 있다

얼굴 색깔만큼이나
무거운 침묵으로
선 채로 백치가 되었을까
가슴을 두드리는 빗줄기 바라보며 서 있다

살아온 생애를 반추하는 것인가
눈물처럼 무시로 흘러내리는 빗물이
내 차 유리 위에서 와이퍼에 밀린다
지상에서 지워질 저 사나이 기억처럼

비바람에
흘러내린 능소화 덩굴은
더듬더듬 삶의 길을 찾아가는데

사나이는 능소화 덩굴하나 잡지 못한 채
미완의 시간을 삼키고 있다

한사코 흘러내리는 모래같이
생각들은 뇌리 속을 빠져나간다

동공에 고여 있는 빗물은
떨어진 능소화 꽃잎처럼
충혈되고 있다.

큰까치수염

이른 아침 안개를 토해 내듯
갯내음을 토해 낸다
광천리의 바닷가
몇 해 전에 만났던 그 모습 그대로
돌 틈마다 뿌리 내린 그리움
하얀 입김으로 다가온다
숨겨둔 비밀이 있는 듯
다소곳이 입을 여는
꽉 찬 그리움이
주저리주저리
흐드러지게 피고 있는 아침이다.

사위질빵

여름철 이웃나무를 타고 올라가
흰 구름처럼 하얗게
꿈을 피워 올리는 나무다
산나물을 채취하다가
양이 많아지면
달리 묶을 끈이 없을 때
약하지만
이 덩굴을 잘라 자루를 묶어
메고 내려오곤 한다
예나 지금이나 사위 사랑은 장모인가 보다
처가의 가을 거지를 도울 때
다른 일꾼들과 달리
칡덩굴이나 다른 덩굴에 비하여
잘 끊어지는 덩굴로
사위에게 짐을 지게 한다는
일꾼들의 비아냥거림으로
이름을 얻은 덩굴이다.

할미꽃

보도블록 틈새에
바람과 햇살이 지나가고
봄비도 뿌리고 지나갔다
어설픈 계절에
홀로의 삶이 익숙한 몸짓
때늦은 계절에
퇴색된 시간은 바람에 흩어져
무심으로 흘러가면
비옥한 땅
양지바른 곳에서
DNA가 같은 영혼들이
신기루같이 일어선다
잃어버린 계절을
아스라이 딛고 서서
활처럼 굽은 허리로
초연히 웃고 서 있는
애달픈 넋이여.

---

* 할미꽃 : 뿌리를 주재료로 약을 만들어 사용한다. 독이 있으므로 절대로 많은 양을 한꺼번에 먹어서는 안된다.

잡초 1

저주로 태어나
백치로 자란다
스스럼없이 죽을 수 있고
같은 생명을 입었으되
먹고 입는 것으로
하늘을 탓하지 않는다
천추의 한 있을 리 없고
괭이와 낫과 약물이 사멸을 구해도
아무리 퍼내어도 마르지 않는
깊은 샘의 근성으로 산다
자자손손 가문의 영광으로
날갯짓하다가
때로는
설포닐 우레아를 머리에 뒤집어쓰고
처절하게
발아래서 삶을 도모한다
천덕꾸러기가 익힌 사랑
쑥밭에 떨어져도 내일은 있다
우리는 태초부터 비범했다.

쪽동백

유월이면
유백색의 구름떼가
신어산에 몰려
산장은 구름 속 집이 된다
쉼 없이 돌돌거리는
계곡물과의 조화로움은
신어산이 주는 티 없는 선물이다
유백색의 강한 내공
그 속에서 뿜어내는 향의 안락함은
메마른 영혼에 단비다
침묵 속에 저장된 정결함
그의 마력은
회색 속에
목 마른이의 생수로
묵시로 출렁이며
그늘을 넓혀 가고 있다.

배롱나무

여름날의 사랑이다
폭염을 불사르는 열정
허나
밤마다 물 긷는 소리는
붉은 울음인 것을
눈물 없는 사랑 어디 있으랴마는
작열하는 정점의 한낮과
검은 밤을 오가며
현기증으로 피워내는
열꽃이 아니던가
젊은 날의 열꽃은 결코
울음 속으로
사라지지 못하고
온 산에 단풍 들면
아무도 모르게
시선 속에서 멀어지는
수줍어 간지럼만 타는
불의 영혼이여.

산딸기와 딱따구리

유월이오면
김해 온 산자락이 불붙는다
저 숲속에 이 집사님 산 딸기밭이 있다
저 숲속에 딱따구리가 살고 있다
이 집사님은 해지기 전까지
지칠 줄 모르는 저 불길을 잡아야한다
딱따구리는 해지기 전까지
저 숲 속
침묵의 옹이를 파내야한다
따다다닥 따다다닥
산이 불타므로
딱따구리는 하루 종일 애간장이 탄다
햇살에 달구어진 불꽃은
쉽게 사그라질 줄 모르고
온 산에 불꽃이
따다다닥 따다다닥
겨우 해질녘에야 잔불만 남아

이 집사님 주름살이 따다닥
떨어져 나가고
숲속 옹이 하나 빠져나간 자리에
딱따구리가
지금 취침 중이다.

쇠비름

말의 이빨을 닮았다 해서 마치현馬齒莧이다
봄부터 찾아 헤매다가
지칠 때쯤이면
논두렁이나 밭에서 흔하게 볼 수 있는 풀이다
오래 가까이하면 장수한다는
장명채長命菜로서
우리 인간에 위로가 되는 풀이다
묵나물로 겨울에도 만날 수 있는
친근한 사람 같은
아니면
질기디질긴
인간의 목숨 같은 풀이죠.

---

* 쇠비름 : 녹즙 재료로 사용한다. 한 번에 많은 양보다 조금씩 사용한다. 악창과 종기를 치료하고, 저혈압, 대장염, 관절염, 변비, 임질 등에 좋다.

2부

어떤 절묘한 만남

경주 보문호에서

– 낙하하는 벚꽃

랍비시여
겟세마네에 흘린 피와 땀이
천년고도에
수만의 화염으로 왔을까
삼라만상 삶의 기교 속에
바벨탑만 쌓아가는 머리
그 머리
은빛 벚꽃 아래 맡기고
농아처럼 입 벌리고 길을 간다

이제 안수식을 끝내고
보문호로 하강하는 벚꽃
어떤 절규도
해 슬픈 발걸음도 아닌
그냥 수궁으로 접어들어
본향으로 돌아간다
외로운 영혼들의 좁은 흉각이
잠시 무량대천을 이룬다.

사월의 산

이제 연주가 시작되었다
심오한 어머니의 넋으로
피아노 건반을 누른다
좀 더 높은 음계로
좀 더 낮은 음계로
골짜기마다 토해내는 빛의 무늬들
빛의 소리에 목을 가다듬고
투명한
천상의 음계로 떨고 있다
꽃도 아닌 것이 꽃보다 아름답게
잎도 아닌 것이 잎보다 아름답게
바람이 스쳐 지날 때마다
비릿한 살냄새로
온 산은 파랗게 떨고 있다.

어떤 절묘한 만남

사람들은 왜 찔레꽃을
슬프게만 노래했을까
그렇다
바로 앞에서 보면
나직하게 글썽이다가
끝내 울음이 꽉 차오를 듯 슬퍼진다
좀 떨어져서 바라보면
슬프지 않다
한 울타리에서
장미와 어우러진 찔레꽃을 보면
참 절묘하다
몸의 깊은 곳에서 뿜어져 나오는
장미의 참혹한 뜨거움을
찔레꽃을 바라보며 진정시킨다
절묘한 만남이다.

---

* 찔레나무 : 나무뿌리에 기생하는 버섯은 어린이 기침, 경기, 간질에 최고의 명약이며 항암 효과도 뛰어나다고 한다.

영포골에 경사 났네

매화의 웃음소리가
십 리 밖에서도 들려온다
웃음소리가 온 산을 뒤흔들어도
누가 경망스럽다 얘기할 사람 없다
그 향기나는 웃음 속에 들어가
자리 깔고 도시락을 푼다
아침에 묻혀낸 초벌 정구지 김치에
새우전 그리고 따끈한 미역국에
머리에는 무상으로 화관을 쓰고
살아있다는 그것만으로도 축복인 하루다
발아래 애기똥풀이 나
돌 틈사이로 고개 내민 괴불주머니도
웃을 준비 중이다
어떤 미움이나 어떤 절망도
이 계절엔
포옹과 입맞춤으로
화해가 될 듯하다
그냥 바라만 봐도 행복하므로.

자운영

땅 위로 펼쳐진 보랏빛 구름
언제 누구 위해 죽어 봤을까
자양분으로 쓰러지던 날
나부끼는 저 아침의 붉은 깃발
흙 속에 죽은 듯 스미어
살과 뼈로 다시 일어선다
수만 리 달려갈 저 기상
죽음 하나에 생명은 백이다
먼 훗날 돌아올
지나간 사랑을 위하여
눈물 자국마다 일어서는 소리
싸늘한 하늘가
생명의 강은
흐르기를 포기하지 않는다.

---

*자운영 : 중국이 원산이며 꽃은 4~6월에 홍자색으로 무리지어 핀다. 녹비용으로 농가에서 많이 재배한다. 전초에 단백질과 전분이 많다.

삽주

바지를 입어도
벗어도
약이 되니
너는 역시 출朮이다

초여름 산기슭에서
잔돌 움켜쥐고 서 있는
허탈한 미소에서
너의 살아온 과거를 읽는다

화려한 미소 속에
가시 돋친 뿔이 있다면
너의 미소는
나이팅게일의 우울한 미소다.

---

*백출白朮 : 삽주 피를 제거한 뿌리
*창출蒼朮 : 삽주의 뿌리 (소화기의 약재)

산수유

언 손 호호 불며
창밖에 서 있다
누가 보던 보지 않던
내 집 앞뜰에 찾아와
멀그마니 서 있다
몇 년 전 아픈 몸으로
노포동 장날 나무 한그루 사다가
묻어두고 떠나더니
오늘 밝은 모습으로 찾아와
바라보고 있다
산골 밤바람
아직 차가운데
손들어 부르면 돌아볼 듯
홀연히 달빛에 서 있다
저 꽃잎 지고 나면
비인 가슴에
주홍빛 그림자로
흘리고 온 세월 주워 담고 있을까.

현호색

삼월 이맘때쯤
낙엽수 아래서
얼레지나 노루귀를 이웃하여
우람한 산을 잡고 있지
낮은 키로
있는 듯 없는 듯
하늘빛으로 서 있다
그 대단한 지순함
어디에 감췄을까
막힌 혈을 관통하는 위력 앞에
허리 낮춰 눈을 맞춘다
후 불면 종달새처럼
날아갈 것 같다
너의 기氣는 대체 어디에서 오는 걸까
너 작은 품에 손 한번 넣고 싶다.

---

* 현호색玄葫索 : 속명은 희랍어로 종달새에서 유래됐다. 종달새의 머리 깃과 같이 꽃의 거가가 긴 것을 나타냄. 약성으로는 기氣가 막히고 혈이 뭉친 곳을 통하게 한다.

목련

서둘러 길을 나선
삼월의 신부다

부케를 든 손
미세한 떨림과
가는 숨소리가
아침 빛만큼
화안하다.

산괴불주머니

어쩌다
술을 많이
사랑하셨나요
그래서
생명이 경각에 달렸나요
그대의 영혼이
길 떠나기 전
나의 녹색혈로
이승의 옷자락
잡아 보시구려
내가 어쩌다
유독하다
기록은 되었으되
또 다른 진실이 있지요
나의 피로 수혈된 그대
내일이면
새로운 하늘이
열릴 거외다.

---

* 산괴불주머니 : 전초를 녹즙 재료에 섞어 사용한다. 간이 굳어 담즙 생산이 되지 않아 물만 마셔도 설사가 계속 될 때 돌미나리, 엉겅퀴, 민들레, 질경이 등과 함께 사용하면 놀라운 효과가 있다.

모란

내 어머니 아버지의 뜰에서
그 크고 탐스럽던 모습을 보았지요
그리고 잊고 살았습니다
부모님은 다 가셨지만
오늘 삼량진 지인의 뜰에서
모란을 봅니다
외롭고 힘든 영혼들이
정오의 햇살처럼 화안하게
모란의 염기 속으로
들어가고 있습니다
해질녘
천태산 언저리에서
하늘에 걸린 모란도 보았습니다
사랑하는 이웃의 가슴마다
모란 한 송이씩 피워
휘적휘적 마을로 내려옵니다.

섬초롱꽃

마당 한 구석
머리 수그리고 수그리고
기도 삼매중인가 보다

밤새 뭍으로 기어오른 안개가
턱 아래 누워있어
힘겨운 시간
무거운 침묵으로 끝없이
허기진 사색을 다스린다

태어날 때부터
풀어놓지 못한 자유를
갈망하는 일이 희망이다

빈 가슴속을 헤집는
끝없는 바람결을
가득 품고 서 있는 붙박인 삶
버리고 섬으로 돌아가려는
가없는 마음이
불치의 지병이다.

노루귀

긴 시간 너와 나는
길이 막혀 있었다

세상 살다보니 잊었다가
봄이면 다시 그리워지다가
나, 눈 어두워
유장한 세월 그냥 흘렸다

만나는 인연은 알 수 없다

오늘 내원사 계곡
정족산 하산길에서 너를 만나다니

나 잠잘 때
너는 깨어있어 계곡을 밝혔구나
하아야케 하얗게

내 발은 공중에 떠 있고
가슴은 하늘을 안았다.

인동꽃

여름을 알리는
쌍둥이 자매 같은 꽃이다
모진 겨울을 이겨내는 힘으로
얻어진 이름이다
해질녘 인동의 향에 젖어
약간의 바람과 구름과 함께
덩굴을 따라
옛날 옛적
금화와 은화의 얘기 속으로 들어간다
어둠이 오는 저녁에 풀어놓은
애잔한 전설 속 은은한 향은
탈모로 쓰린 속을 안고 사는 이에게도
희망이 될 수 있는 꽃이다.

---

* 인동초 : 금은화라고도 하며 중국에서는 인삼보다 더 나은 약초라 주장하기도 한다. 강한 향균 작용과 독을 풀고, 열을 내리는 작용으로 유행성 감기에 효과가 있다.

우산나물

새끼토끼가 쓰는 우산이라는
토아산이란다
옹기종기 모여 있는 모습이 귀엽다
어느 시인의 농장에서
그는 내게 물었다
저 풀이름이 무엇이죠?
그는 일본에서 온 손님이
무슨 풀이냐고 물어
그냥 파라솔 모양이라
파라솔풀이라 했다고
그 시인의 농장에는
우산나물이 파라솔로
마을을 이루고 살고 있다.

엉겅퀴

북풍한설에도
양지바른 돌 틈에서
웅크리고 있다.
부드러운 가시를 이불삼아
애주가를 위해 태어났을까
오뉴월이면
가시를 위풍당당하게 세우고 외친다
애주가들이여
나의 피를 마셔라
가시로 인해 쉬 접근할 수 없는 존재
한나라를 위기에서 구하고
국화가 된
그의 가시는 위대하다.

---

* 엉겅퀴 : 스코틀랜드의 국화다. 엉겅퀴에서 간장약을 추출하며 응혈작용을 한다. 녹즙 재료로 사용하는데 위가 약한 사람은 소량씩 사용해야 한다.

동자꽃

한해를 어둠 속에서 지나더니
기다림 속에
담홍색 입술로 다가왔구나
이토록 척박한 땅 위에
비옥한 시간으로
뜨거운 입김으로
보석처럼 내 가슴에 박힐 줄이야
네가 있는 동안
세상을 잠그고
바람을 잠그고
오직
빛의 생살에 잠기어
뜨거운 입술을 맞는다.

짚신나물

짚신에 묻어
발길 닫는 곳마다 뿌리내린다하여
짚신나물이다
옛날 과거시험이 있던 시절
과거 길에 지친 선비에게
선학이 물어다 준 풀이라 하여
선학초란 이름도 있다
오지랖 넓은 아낙처럼
모든 질병에 쓰임 받는 그의 명성은
아메리카 인디언이나
유럽에서나
세계 어디에서나 귀한 몸이다
삼백초와 어울려
찻잔 속에서
절망을 녹여내는
처절한 고독 속 벗이다.

---

* 짚신나물 : 녹즙 재료로 쓴다. 독성이 없는 암 치료약으로 쓰임 받고 있다. 짚신나물 추출액은 암세포를 파괴하거나 굳어지게 하여 더 이상 증식하지 못하도록 막는다고 한다.

민들레

나는 바람둥이 가시내
메마른 꽃 대궁에 바람이 찾아오면
언제나 신처럼 떠 있던
구름 찾아 떠나죠
가다가 지치면
논둑에도 꽃밭에도
보도블록 틈새에도 누워서 쉬어요
모잽이로 눕거나 바로 눕거나
단비가 한차례 내 몸을 적시면
나는 그곳에서 옷고름 풀어요
살다보면 흑염소가 내 목을 잘라가죠
핏방울 하얗게 핥아가며
쏟아지는 햇살 아래 내 설움
하얗게 피워 내죠.

---

* 민들레 : 녹즙 재료로 사용한다. 염증을 없애며 위와 심장을 튼튼하게 한다. 뿌리를 이용하여 커피처럼 마실 수 있다.

안전지대는 없다

울타리 옆 단감나무
잘 익은 감이 나를 바라본다
내 눈에도 단감이 앉아 있다
허나
만나려는 순간
단감나무에서 지네가
수십 개의 다리에 시동을 걸어놓고
단감 삼매경에 빠져 있다
우우우
지네의 독기가
내 눈 속의 단감을 갉아먹고 있다
물크러진 단감이 지네를 부르고
지네는 햇살까지 파먹어
감나무 아래는 지금
개기일식 중이다

단감이 보이지 않는다.

3부

그곳에 가고 싶다

큰꽃으아리

햇빛 찬란한 계절에
도도하게 웃지요
이 척박한 땅 웃음으로
가난을 씻어 내고 있다오
너무 쓸쓸해서
아무 관계도 없는
이웃의 등을 휘어 감고
일어났다오
내 큰 얼굴로 밤이면
별을 꿈꾸며
푸른 별을 닮고 싶어
바람이 실어다준 무수한 언어로
목이 아프도록 속삭인다오
외로운 영혼이
정오의 빛같이 웃고 있는
여기는 두메라오.

나팔꽃

내가 만약 물이 되어
내가 너에게로 흘러들어
내 속에 숨은 것들
너에게 쏟아부으면
너 속에서 내가 피어난다면
또는
네가 나의 몸으로 흘러들어
내 몸에서 네가 피어난다면
무서리가 내려도
무거운 어둠이 내려도
우리 같이 화안할 거야
이른 아침 담벼락에 올라 웃을 거야
목젖을 드러내고
속 시원히
빈 가슴으로 웃을 거야
메마른 담벼락 위
환히 피어 있을 내일을 위하여
저만치서
힘찬 맥박소리 들린다.

탱자나무는 가시만 키우고

곧 폐교가 될 초등학교
언제 굴삭기가
하늘을 내려놓을지 알 수 없는데
해마다 그러했듯 탱자는
가을마다 짙은 향을 뿌린다
같은 계절에 꽃은 피었으되
늘 사랑의 손길은 유자에게 빼앗긴 채
제 가시로 상처만 내며
어렵게 지상에 몸을 내려놓는다
하나둘 사라지는 탱자 울타리
탱자 잎 즐겨 찾던 유충도
이제 땅속 깊이 기억 속에 잠들고
문화의 세기 앞에
이 땅에 아이들
아토피로 긁은 상처 진물은 흘러
끈적이는 이 아침
탱자는 단명을 이으려
가시만 키우고 있다.

---

* 탱자 : 위장 무력성 소화불량, 알레르기성 체질, 위 내 가스 제거, 자궁하수, 내장 이완성 무력증에 쓰인다.

그곳에 가고 싶다

이렇게 11월이 되면
내변산 담쟁이덩굴이 보고 싶다
바람을 잡고 오르고 올라
결국 온몸을 사르는
노을빛 닮은 그가 그립다
모두가 절망이라 할 때
수만 수천 가솔을 이끌고
여호수아가
약속의 땅 가나안을 정복하듯
절벽을 오른다
담쟁이 이파리 앞에서
누가
이생의 삶을 어지럽다 하랴
보고 싶다
이렇게 온 산에 단풍 들면.

---

* 담쟁이덩굴 : 바위를 타고 올라간 것은 독이 있고, 소나무나 참나무를 타고 올라간 것을 약으로 쓴다. 어혈을 없애고, 몸 안에 딱딱한 덩어리를 풀어 주는 데 뛰어난 효력이 있다.

감국

십일월
계절을 잊은 채
들판을 물들이고 있다
뭍에선 마른 대궁으로
휘파람만 불어 대는데
서귀포 주상전리대에는
초겨울 난간에서
황금지대를 이루고 있다
밤마다 돌기둥 사이로
바람은 거치지 않아
태어날 때부터 바람에 업혀
살아가는 길 배웠으므로
한천을 머리에 이고
저렇게 나란히 고개 저으며
허리 낮춰
섬을 밝히는 것일까.

---

*감국 : 차로 즐길 수 있다. 약효는 종기, 곽란, 복통, 두통 등에 쓰인다.

가락지나물이 행복해 보일 때

황소개구리가
엉겅퀴 가시에 찔렸을까
웅덩이 물을 난도질하듯 휘젓고 있다
상처에서 흐르는 혈에
작은 웅덩이는 핏빛이다
해는
엉겅퀴에 긴 그림자 드리우고
황소개구리는
제 상처만 다독이며
아픈 시간들을 지우고 있다
키 큰 나무 아래 오순도순
이마 부비며 살아가는
가락지나물을
엉겅퀴가
등뼈 휘어지도록 바라보고 있다.

대흥사에 핀 꽃무릇

나
피고 싶다
홀로라도 피고 싶다
해마다 쌓아 온
절망의 돌무더기 헤집고
구월이 오면
핏빛으로 피고 싶다
가슴을 열고 달려온 뒤안길에
범종소리가 내 영혼을
휘감아도 그저 허방이다
이제 바람만 스쳐도
눈물 고인다
서산에 해지면
빈 하늘만 바라보다
그리워 그리워서
신음으로 뭉치어진 뼈대가
하나둘 달빛에 쓰러진다
갈망의 시간 속
내 빈 가슴에 그대 그림자라도
내려앉지 않으려나.

방아꽃

오늘
전골 박 집사 집에서 예배가 있다
며칠 전보다
코스모스다리가 서늘해 보이는
예안 천을 지나자
봄부터 녹색 혈
시장으로 쏟아 내었을 방아가
보랏빛 바람을 안고
꽃인 듯 이야기인 듯
그런 얼굴로 차창을 지나간다
박 집사 텃밭도 보랏빛이다
전골 가을은
보랏빛으로 시작되나 보다
예배시간 내내 까치가 까마귀가
보랏빛 햇살을 쪼아대고 있다
창 넘어
앞으로 불어 닥칠 삭풍에 산화될
방아들의 수런거림이 있다
허나
봄의 향으로

겨울네 인간의 내면에 남아
화안하게 출렁일 것이다
하늘가 뭉게구름만큼
풍요로운 가을빛으로.

---

*방아 : 항종양 작용. 녹즙에도 사용하나 향이 강하므로 조금씩 사용한다.

토란 밭에서

오늘은
토란 잎에 앉아서
은구슬을 굴리는 청개구리고 싶습니다
알록달록 무당벌레고 싶습니다
먼 바람 타고
후두둑 은구슬이 떨어집니다
저 아름다운 청초의 섬으로
영혼은 빈 몸으로 쓰러집니다
아무도 모르게
아무도 모르게
작은 은방울 새처럼 날아갔다
또다시 구슬이 되는.

추자나무 이야기

반백 년 전쯤
내가 초등학교 일학년이었을까
추자나무가 숨겨 놓은 비밀을 안고 왔었지
그냥 우연이여서
동네 어른들이 단풍놀이를 법기수원지로 가게 되었고
그 시절 너나없이 흉년이던 시절
하루 나들이에 흥이 난 엄마들은 장구소리 북소리에
거추장스런 한복 겉치마는 나뭇가지에 걸어두고
하얀 속치마 펄럭이며 춤추고 손뼉 치며 놀았다
지루했던 나는 큰 나무 아래서 흙과 놀고 있었다
그때 내 손에 만져진 둥근 열매들
흙을 파면 팔수록 가득했던 열매
내 생에서 가장 횡재했던 날이다
아련한 추억이 수런거리는 법기수원지에
백발이 성성해서 추자나무를 바라본다
아직도 추자나무는 열매를 가득 안고 있다
다람쥐를 살찌우고 있다
살면서 두 눈에 이슬 맺힐 적마다
그날의 횡재에 대하여 입꼬리를 올렸다.

호박넝쿨

얼마간 일상에 쫓겨
호박넝쿨 살피지 못했다

이미 울타리를 탈출한 그는
양팔을 벌리고
차도를 향해 걸어가고 있다
한발만 더 내디디면 효수를 당할 텐데
당당하게 나아가고 있다
한 치의 미래를 예감치 못해
십수 년 내 삶의 혜안도
무지랭이 같은데
그가 아직 자유하기는 이르다
땡볕의 고통과 폭풍과 한파
그 속에서
지척이라도 분별할 시력이 깨일 때까지
울타리만 꽉 잡고 살아야 한다
굽은 등으로 균형감각을 깨워
은밀하게 네 안에 순한 길 내어가며
바다보다 깊은 사색으로

고통은 꿀처럼 눈물처럼 흘러가며
피 묻은 삶이
새벽을 열 때까지 살아야 한다.

들국화 앞에서

봄여름 햇살을 감싸 안고
은밀히 참아온 해맑은 세월을
따가운 가을빛 서늘한 바람 앞에
다소곳이 풀어놓은
저 웃음의 황금빛 들국 앞에
황급히 시선을 옮겼다
밭두렁 따라 여기저기 펼쳐진
꽃그늘에 싸인 가을이 매웠다
이 가을에 오기까지
고독한 시간 앞에 무릎을 꿇고
옷처럼 비바람을 얼마나 입었던가
이제 오래된 인내로 부풀린 몸
고고한 빛깔로 이르는 국향의 꽃길
한세상 열어가는 일이
세미가 서로 다른 것처럼
네 곁을 스칠 적마다
남루한 옷깃
묵시의 시간은 아팠다.

우슬초

성경에도 등장하는 풀이다
쇠무릎이나 말자리라는 이름도 있다
소의 무릎처럼 마디가 튀어나온 그는
인간의 피를 맑게 해준다
우슬초를 보면
내 어머니 생각이 난다
무릎이 아프다시며 우슬초 달인 물로
감주를 만들어 드셨다
다 나은 줄도 모르고
조심조심 걷다가 나와 부딪쳤다
눈을 흘기시며 주저앉았지만
다 나았다는 사실을 알게 되었다
왜 그토록 나를 미워했는지는 알 수 없다
어머니에 대한 정이 옹이로 남아
내겐 늘 사금파리 같은
이름이다.

---

* 우슬초 : 녹즙 재료로 사용한다. 약효는 정혈, 이뇨, 통경, 관절통, 각기에 쓰인다.

부추꽃이 피면

팔월이 되면
김해 대동 들녘은 온통
하얀 별빛 하늘이 된다
크고 작은 부추꽃들은
알싸한 냄새를 머금고
지나가는 사람들의 마음을 절인다
바람결에 묻어나는 향기는
메밀꽃처럼 퍼지고
메밀꽃처럼 떨어진다
이곳 대동에 부추꽃이 필 무렵
이효석은 지나가지 않았을까
잘라진 부추는 소설 속으로 갈 수 없어
경매장으로 팔려 나간다
부추는 어느 좌판대에 누워
마지막 자기의 운명을 생각하겠거니
한때는 대동의 넓은 들판을
흔들었다고

향기는 바람의 능력만큼 퍼져 있다.

왕고들빼기

오물오물 토끼 입이 생각나는 풀이죠
초등학교 시절
아버지께서 키우시던 토끼들
할머니께서
토끼가 제일 좋아하는 풀이라 말씀하셨죠
왕고들빼기를 한아름 토끼장에 넣어 주고
풀물이 옷에 묻어 엄마께 혼났죠

가시상추로도 불리는 왕고들빼기
이제는 내가 상추쌈과 즐겨 먹어요
그 속엔
토끼도 있고
할머니 아버지 엄마가 있어요
한 쌈하러 우리 집에 오셔요
봄이 가기 전에 서둘러 오셔요
뿌리까지 맛볼 수 있게.

---

* 왕고들빼기 : 녹즙 재료로 사용할 수 있다. 어린 순은 생식으로 나물로 먹고, 전체를 약용으로 쓴다.

씀바귀

인생살이 쓰디쓴 맛을 품고 있는
철학이 있는 풀이라 했다
중국에서는 신생아가 태어나면
젖을 먹이기 전에
오미五味를 맛보게 한다
신맛에 통증까지 느끼게 한 후
단맛을 알게 하는
나름의 철학이다
살면서 집착과 욕심은
누구에게나 생길 수 있다
허나 알고 보면
집착과 욕심이 낳은
쓴맛에서 철드는 것을
이른 봄 제일 먼저
푸르게 삶을 인도하는 풀이다
그 작고 가녀린 몸에서
그토록 강한 에너지라니.

---

* 씀바귀 : 동의보감에서 오장의 사기와 증열을 제거하며 항알러지, 항박테리아, 항바이러스, 당뇨와 장기능 회복에 좋다 했다.

돼지감자

그래 넌 뚱딴지다
너의 그 괴력에 지쳐
사멸 시키리라 계획하다가
그냥 사랑하자
그냥 사랑하자
다짐하지만
한사코
너의 날개를 꺾고 싶은 이 마음.

* 돼지감자 : 녹즙 재료로 사용한다. 뚱딴지라고도 부르며 천연 인슐린을 가장 많이 함유하고 있어 당뇨병에 타고난 효과를 나타낸다. 허나 번식이 너무 강해서 다른 작물을 심지 못할 정도이다.

홍매화

무슨 동결할 사연 더 있을까
찬바람은
길을 두고 망설인다
고지高地를 밟고 서 있는
비너스
만인에게 스포트라이트를 받는다
밤이면
갈 길 망설이는 자의 갈증으로
허파로 울음을 토해 내는 비너스
내가 안아 주기엔
너무 화려해
십 리 밖 퍼져 나간 체취가
내 떠나갈 먼 길을 밝힌다
흩어진 네 향을 칭칭 감아
눈물 흘린다면
네 영혼의 머리 위에
이슬이 될까
몇 날 몇 밤을
쏟아 버린 향으로
골빈 뼈마디마다
식은 땀방울이 붉다.

원추리

그리워
하 그리워
산모롱이 돌아오는 발자국 소리에
휘어진 기인 목 위로
스치고 지나간 노을
그리고
어둠이 내리면
굽은 잔등 휘어 감은 별빛으로
잠이 든다
그대 환한 모습
꿈길에
망우忘友로 와있더라.

* 원추리 : 어린 싹을 나물로 먹는다. 마음을 안정시키고, 스트레스 우울증을 치료한다. 해독 작용이 뛰어나다고는 하지만 독이 약간 있으므로 너무 많이 먹는 것은 좋지 않다.

백합 씨앗을 거두며

지상에서 떨구어진 시간의 명멸
지난 여름
흐드러지게 핀 백합꽃 앞에서
예쁘다 나 사진 한 장 찍을까
팔순이 넘은 세월을
하얀 꽃잎 위에 얹어 놓고
겨울의 중심에서 홀연히
사각나무 속으로 옮겨져
아버지의 당당한 꿈은 사그라졌다
아버지의 씨앗들은
다만 몇 시간 침묵으로 흘렀다가
고개 숙인 채 시선으로 땅을 밀며
원색의 일상으로 돌아갔다
이제 깡마른 백합대궁 씨방에는
눈물인 듯 바람인 듯
사그락사그락
아버지의 과거를 되씹으며
씨앗들이 모여 있다
아버지가 두고 가신
시간의 파편들을
하나둘 비닐봉지에 담는다.

4부

겨울나무

동백꽃

노을을 닮은 너의 뺨에서
바다의 향이 짙다
갈매기 날갯짓에
꽃잎 떨어진다
떨어진 꽃잎
파도에게 길을 묻는다
대답이 없는 듯
우왕좌왕
파도 위에 몸을 포갠다
사철 바다가 보이는 언덕
여기를 고집하는 너
친하고 싶다
너의 가슴은 저 바다를
닮았을 거야
난
네 발아래서 찰싹이다 떠나는
파도쯤 일거야.

피라칸사스의 겨울

눈 오는 날
저 쏟아 내는 붉은 응어리들
담을 물들이고 뜰을 물들인다네
가지마다 돋아난 가시는
어둠을 쪼고 바람을 가르고
지난날 은빛으로 물들이며
가슴 펴고 있을 땐
흰 눈 가슴에 안고 서서
회한이 결빙으로 흐느낄 줄
미처 알지 못했네
설풍이 몰아치는 밤
언 아랫도리 내밀어가며
물관을 깨운다네
회초리에 살아나는 팽이처럼
나
눈을 맞아야하네
어둠 깊이
숨 쉬는 뿌리가 있어
토혈하며
춤을 춘다네

가지마다 숨결이
제자리로 돌아오는 날
나
하얗게 웃으리.

2월의 산

비밀스럽게
죽은 살들 위로
바람이 낮은 포복으로 지나간다
쉿! 어딘가에서
경고 사이렌이 울릴 것 같은
그래서 조심조심
고양이처럼
귀를 쫑긋 세우고
마른 살들을 훑고 있다
언제 포문을 열려나
한꺼번에 쏘아 올릴 녹색화살
어디에서 먼저 쏘아 올릴지 알 수 없다
은밀히 몸을 감추고
밤낮 가릉 가릉 앓아가며
땅속에서 푸른빛은
무슨 음모를 꾸미고 있는 것일까
곧 겨울의 자궁을 찢고
온 산을 점령하겠거니
계곡에서 겨울이
죽어가는 소리 들린다.

구상나무에 눈이 내리면

한 폭의 그림으로 서 있다
가지마다 눈이 응고된
낙차의 고요를
건드리면 화낼 것 같다
햇살에 발하는 눈
수천의 다이아몬드가
한꺼번에 내뿜는 광채이거나
고혹적 차가움의 주술
가지와 가지 사이를 오가는 공간 속에서
나는 천상의 아리아를 듣는다
이렇듯
빙하의 계절을 풍미하는 요염함에
전율하며
글썽이며
탄성하며
뇌는 깊은 번뇌 속으로 침전한다.

---

* 구상나무 : 제주 한라산에서 자라 독일의 식물학자 윌슨에 의해 '아비에스 코리아나' 라는 이름으로 불리우며 크리마스트리로 세계에서 가장 인기가 높아 효자나무이다.

두메쓴냉이 효소

새소리에 태어나
물소리에 자라난
두메쓴냉이는 금빛이다
숲 속의 별 같다
너는 내 심향의 꽃이다
쓰디쓴 심장으로
심산을 밝히고
곡수를 물들인다
이제
산천을 떠나
항아리 속에서 불안한
짐짝처럼 포개어
나이를 먹다 보면
독 안에 산을 옮겨 놓고
산의 소리를 잉태한다

새로 태어난 네가
내 혀끝을 찾아오면
상큼한 너의 과거와
청아한 새소리
곡수의 수심가도 들린다.

---

*두메쓴냉이 : 이고들빼기라고도 하며 녹즙 재료로 사용한다. 이른 봄에 씀바귀나물을 많이 먹으면 남자의 정력이 좋아진다하여 옛날부터 봄나물로 많이 먹어 왔다.

달맞이꽃

아무도 모른다
불같은 사내와
유장한 사내 사이에서
얼마나
마음 졸여 왔는지
불같은 사내가
오뉴월 오징어 굽 듯
나를 태우다가
지쳐 피 흘리며
서산으로 넘어가고
유장한 사내가 돌아와
그를 위해
한 밤을 밝힌다
하지만
날만 새면 불같은 사내 달려와
웃어라 소리친다

쉬! 우리 아기
배냇저고리 짓고 있어요.

망각 속에 흔들리는 갈대

머 언 옛날 이곳이 강나루였다고
큰 키를 흔들며 투정 부린다
물속에 나신을 드리운 채
바람 따라 흔들렸을 영혼이
그 물비린내 잊지 못해
오래전 옛이야기 붙잡고
응석 부리듯 투정하듯
온몸을 흔들고 있다
강나루가 밭이 된 사실을
생각하기 싫은 게다
그냥 푸르고 싶어
봄이면 돌 틈을 비집고
칼끝 같은 오기를
하늘 향해 밀어 올리는 게다
호미로 낫으로 잘려 나갈 것을 알면서.

---

* 갈대 : 갈대뿌리는 해독 작용이 강하다. 방사능에 중독되었을 때 뿌리를 달여 마시면 백혈구 수가 늘어나고 면역력이 강화되며 차츰 몸의 기능이 정상적으로 회복되니 난치병 치료에 좋은 효과가 있다고 발표되었다.

겨울나무

꿈도 얼어
흐르기를 포기한 개울가
비탈진 황토에 서서
비음만 내고 있다
길 위로 눈은
한자 세치 무릎까지 쌓이다가
깨어나라
깨어나라 꼬드기다가
별 냄새
바람 냄새 묻혀가며
그 막막한 숲으로 찾아 들더니
어디론가 살며시 떠나간 자리
휘어진 가지 끝에
푸른 하늘이 돋아나고 있더라
저 산에 저 들판에 메아리처럼
이제 꿈들이 돌아오고 있다.

삼백초

세상에서 가장
막막한 길을 가고 있다가
질곡의 길 끝에서
빛을 만났다
숨을 고를 수 있는
시간이 있었다
환한 빛 속에는
삼백초가 자라고 있었다
절뚝이는 부상병들이
서러움 털어내고
하늘 향해 날개 펴는 소리
빛의 씨앗들이
여물어가는 소리가 있다
내 사랑 삼백초.

---

* 삼백초 : 녹즙 재료로 사용한다. 한 번에 뿌리의 양을 많이 사용하면 설사를 할 수 있다. 잎과 뿌리, 꽃이 희다고 하여 삼백초이며 약리작용이 놀랍도록 다양하고 뛰어나다. 항암작용이 강하며 해독 및 이뇨작용이 매우 뛰어나다.

쑥부쟁이

내가 땅을 가지면 제일 먼저
벌개미취나 쑥부쟁이를
심고 싶었다
가을이면 온 산에 들에서
연보라빛 소리 없는 아우성이 된다
봄이면 봄나물로
식탁 위에서 주인공이 된다
맛을 즐기며 그가 가진
슬픈 전설 속 이야기를 생각한다
쑥을 늘 캐야만 생명을
연명할 수 있었던 불쟁이의 딸
대장장이의 딸이
산에서 만난 청년을
사랑하게 되었고
늘 산에 올라 그리워하다
절벽 아래로 떨어져
죽게 되는 이야기를 가지고 있다
유난히 긴 목을 하늘거리는
기다림의 꽃이다.

---

*쑥부쟁이 : 국화과의 여러해살이 풀이다. 식용, 관상용, 약용으로 쓰인다.

초피나무

추어탕이나 장어탕과
친할 수밖에 없는 나무다
산 속에서
청아한 맛으로 반기는 이파리들
그는 뜨거운 피를 가진 여인이다
수위가 높은 몹쓸 놈을
사멸시킬 수 있는 능력자다
해독을 으뜸으로 여기는
요즈음의 삶에 있어
그의 몸값은 상승세이다
한때는 눈멀어
천덕꾸러기가
되었던 적도 있었다.

---

* 초피나무 : 에이즈 균까지 죽일 수 있어서 세계적인 각광을 받고 있다. 성질이 뜨거우므로 속을 따듯하게 하고, 소화를 잘되게 하는 약리작용이 있다.

질경이

좁고 가파른 돌계단
그 끝자락에서
할머니 비명 소리 들린다
팔순이 되신 할아버지가
칠순이 넘은 할머니를 구타하고 계신다
왜 늦게 왔느냐고
바람 피우냐고 두들겨 패고 있다

할머니 갈퀴 같은 손으로
온 동네 종이 박스 줍고
고물 주워 고물상에 내다 팔고
휘적휘적
노을을 등에 업고 돌계단을 올라와
매를 맞는다

모질게 살아가는 질경이를 볼 때면
골목집 할머니 생각난다.

---

* 질경이 : 녹즙 재료로 사용한다. 만성간염, 고혈압, 급만성 신장염, 관절염 등에 사용하며 설사, 변비, 구토 시에는 미나리와 같이 생즙을 내어 마신다.

모과나무

기장에 계신
도봉 선생의 마당에서
천 년의 세월 속
아직 달거리를 하고 있는
모과나무를 만났다
벗겨진 살과 마른 힘줄 위로
수없이 내려앉은
느낌표와 쉼표
어느 생에서 만났을 바람이
다시 여인의 몸을 열었을까
그는 대문 앞
벚나무 길을 내려다보며
세월을 읽고 있다
바람에 가슴을 내어 주고
햇빛에 몸을 말리는
여신이다.

복수초福壽草

담 밑 마른풀 사이로
사강死腔을 제일 먼저 건너와
소리 없이 금자둥이들
오순도순 반짝이고 있다
지난 봄 영천 장에서 사다가
떨리는 손 다잡으며
꽃망울들 커트 칼로 베어 낼 때
찬란한 고통이 되라 기도했다
그는 알았을까
여름내 그림자로 자리를 지키더니
폭염이 끝날 무렵 홀연히 요단강을 건너갔다
사활의 불투명했던 침묵을 깨고
오늘은 나신으로 돌아와
언 땅에 불 지피고 있다
계절의 마중물을 위해
생혈로 난알을 쏘아 올리는 것일까

아, 이 경이
꿇어앉아 이생을 위해 기도할까

경인년庚寅年 새해가 화안하다.

---

* 복수초 : 신장질환, 방광질환, 심장병 등에 귀중한 약으로 쓰인다. 그러나 독이 있으므로 많은 양을 먹지 말아야 한다.

잡초 2

우리 집 마당은 풀밭이다
참새들의 수다를 먹고 쉴 새 없이 자란 그들은
나의 게으름을 기차게 안다
쑥, 질경이, 민들레, 바레기에 명아주까지 합세하여
세간을 차리고 있다

이장이 마이크를 잡고
에! 동민 여러분 하는 소리가 내 귀를 붙들 듯이
모기는 잡초 밭에서 앵앵거리며 내 귀를 놓아주지 않는다

깨끗하게 잘 정돈된 마당을 보면
그 주인이 존경스러워 보였다

석수쟁이가 하나의 실체를 위해
바위를 조금씩 조금씩
쪼아 내듯
마당 귀퉁이에서부터
무심으로 뚱뚱해진 몸뚱이들을
하나씩 비틀어 뽑아내고 있다

여기서 뿌리를 내리지 않으면 큰일이라도 날것처럼
날개를 파들거리던 놈들이 뽑혀 나간 자리에
앉은뱅이들이 공포에 떨며 내 눈치만 바라보고 있다

아뿔싸!
내가 매일 눈으로만 몇 삼태기의 게으름을
저 대문 밖으로 밀어내고 있을 때
이미 채송화는 그 작은 몸에 내 게으름을 무시한 채
계절의 주인이 되어 있다.

생강나무

정족산 산행 길
계곡 따라 오르다가
갑자기 눈앞이 화안하다
가로등이 밤을 밝히듯
노~란 꽃등이
아직 겨울잠에 취한 숲길을
벅찬 설레임으로
밝히고 있다
네 혹시 산수유니, 생강나무니
졸업한 지 몇 십 년이 지난
동창인 듯
명자인지 숙자인지
갸우뚱거리다가
꽃그늘에 앉아 기억을
팽팽하게 당긴다
청맹과니가 코끝이 야물듯
내 후각을 믿기로 했다
나는 취 신경에게 경의를 표하고

고개 끄덕이며
얼싸안고
공중으로 솟아오르는 그런 만남이다.

---

* 생강나무 : 생강나무 씨앗으로 기름을 짠다. 이를 동백기름이라 한다. 어린 잎과 잔가지는 차로 마신다. 산속에서 허리나 발목을 삐었을 때 구급약으로 쓴다.

부활

내 집 뒷산에
포푸라나무 하나 누워 있지요
어느 태풍
어둠의 세력이 그를
조각내지 못했더이다
잠들지 못한 밤
담즙을 삼키며
히스기아처럼 기도했을까
메시아
광명의 빛으로
그를 사랑하사
푸른 초장에 쉴만한 자리로
다시 태어났지요
의자로 부활한 포푸라는
등을 뚫고 가지를 올려
그늘도 만들었답니다
이제 아랫마을 순덕이네
송아지가 태어나도
들판에 부추꽃이 메밀꽃처럼 피었다가

메밀꽃처럼 떨어져도
그는 모릅니다
딩동댕 딩동댕 허공을 두드리면
산속에서 까치가 찾아와
꿩이나 고라니 얘기를 하고 가지요.

옥수수와 태풍

우리 집 옥수수 밭에서
민들레가 한판 놀다갔다

하여 허리를 다친 옥수수는
한동안 낙동강 갈대처럼 젖어 있더니
어느 사이 조선의 끈질긴 민초를 닮았을까
흙 한 줌 움켜잡고 제 빛깔을 잃지 않았다

폭염에 나무 그늘에 앉아
내가 매미처럼 있을 때
피를 말려가며 수액을
짜내고 있었구나
어쩌면 이토록 가슴 설레임으로
내게 다가왔을까
더러는 삐뚤빼뚤
앞니 빠진 개오지로
개구쟁이 헤헤거리듯
제멋대로 앉아 있는 못난 놈도 있다

'못난 놈들은 얼굴만 봐도 흥겹다' 던
신경림님의 시가 생각난다

그렇게 절망적이지도
희망적이지도 않은
못생긴 놈 몇을 골라 내 방에 두기로 한다
아마 오늘밤이 짧아질 것 같다.

패랭이꽃

한겨울
어떻게 살아왔느냐고
한 노신사가
파르르 떨고 있는 한 생명을
내게 내려놓고 떠난다
그도 외로운 사람
쓰라린 세월을 알기에
벌판에서 떨고 있는 풀 한 포기에도
마음 아팠으리
그렇게 침묵은 흐르고
유월의 햇살 아래서
자신을 알려 주는 몸짓
그동안 얼마나 말을 하고 싶었을까
입술을 동그랗게 오므리고
웃고 있다
햇볕 속으로 자신을
펴 올리고 있다
내가 패랭이라고.

---

* 패랭이꽃 : 씨앗은 구맥자라고 하며 이뇨제나 통경제로 쓴다. 열을 내리고 혈을 잘 돌게 하며 혈압을 낮추는 작용을 한다. 카네이션은 패랭이꽃으로 개량된 것이다.

참고서적

원색 한국약용식물 도감 | 육창수 | 도서출판아카데미 | 1989년

우리 꽃 백가지 | 김태정 | 현암사 | 1990년

토종약초 장수법 | 최진규 | 태일출판사 | 1997년

숲으로 가는 길

인쇄일 | 2014년 11월 03일
발행일 | 2014년 11월 05일

지은이 | 양윤형

펴낸이 | 박철수
펴낸곳 | 도서출판 해암

등록번호 · 제325-2001-000007호
부산광역시 중구 백산길17 삼성빌딩 702호
TEL. 051)254-2260, 2261
FAX. 051)246-1895
E-mail. haeambook@hanmail.net

값 12,000원

ISBN : 978-89-6649-061-5 03810

부산문화재단
BUSAN CULTURAL FOUNDATION

*본 도서는 2014년 부산문화재단 지역문화예술육성지원사업의 일부지원으로 제작되었습니다.